Tu árlógico

Robin Koontz

Educational Media

rourkeeducationalmedia.com

*Scan for Related Titles
and Teacher Resources*

www.rourkeeducationalmedia.com

PHOTO CREDITS: Cover & title page: © Monkey Business Images, @ DNY59: © OCAL; page 3: © Juri Samsonov; page 4: © Monkey Business Images; page 5: © Ajay Bhaskar, © Rohit Seth; page 7: © manley099; page 9: © Andriy Popov, © YinYang; page 11: © Patrick Poendl; page 12: © Ron Chapple; page 13: © Jani Bryson; page 15: © szefei; page 16: Blend Images; page 17: © Anna Lurye; page 19

Edited by: Jill Sherman

Cover by: Tara Raymo

Interior design by: Pam McCollum
Traducido y editado por: Danay Rodríguez

Library of Congress PCN Data

Tu árbol genealógico / Robin Koontz
(El Pequeño Mundo de Estudios Sociales)
ISBN 978-1-62169-917-0 (hard cover)(alk. paper)
ISBN 978-1-62169-812-8 (soft cover)
ISBN 978-1-62717-022-2 (e-Book)
ISBN 978-1-63430-151-0 (hard cover - spanish)
ISBN 978-1-63430-177-0 (soft cover - spanish)
ISBN 978-1-63430-203-6 (e-Book - spanish)
Library of Congress Control Number: 2014953718

Also Available as:

Rourke Educational Media
Printed in the United States of America,
North Mankato, Minnesota

Rourke
Educational Media

rourkeeducationalmedia.com

customerservice@rourkeeducationalmedia.com • PO Box 643328 Vero Beach, Florida 32964

Tabla de Contenido

El árbol genealógico

Una **familia** se parece mucho a un árbol. La semilla brota y un árbol comienza a crecer. Pronto, del árbol crecen ramas. De las ramas crecen hojas. A medida que pasa el tiempo, del árbol brotan más ramas y hojas.

En un árbol genealógico, las hojas son los miembros de la familia. Las ramas muestran cómo se relacionan los miembros de la familia. Una hoja nueva brota cuando una nueva persona se une a la familia.

Este árbol genealógico nos muestra el ejemplo de una familia.

Rastreando el historial familiar

Un árbol genealógico rastrea el historial de una familia. A medida que se añaden miembros a la familia, el árbol genealógico crece.

Tu árbol genealógico crecerá cuando nazcan bebés en tu familia. También crecerá cuando se adopten niños. Y crecerá aún más cuando los miembros de la familia se casen.

Un árbol genealógico puede rastrear cientos de años de historia familiar. Es un registro escrito de quiénes eran tus padres, tus abuelos y tus bisabuelos.

Algunas familias se quedan en el mismo lugar por mucho tiempo. Otras familias tienen miembros que viven por todo el mundo. No importa donde vivan los miembros de la familia, ellos están conectados por un árbol genealógico.

Los miembros de la familia que nacieron antes que tus abuelos son tus **ancestros**. Es posible que hayan **inmigrado** al lugar donde tu familia vive en la actualidad.

Millones de personas han inmigrado a los Estados Unidos. Ellos quisieron comenzar una nueva vida en un lugar nuevo.

Transmitiendo las tradiciones

Las personas **heredan** muchas cosas de sus ancestros. Puede ser una tierra o tesoros familiares. También puede ser el color del cabello o de la piel, el tamaño de la nariz o incluso ¡la forma en que se comportan!

Nosotros heredamos nuestras características físicas de nuestros padres y sus ancestros.

Las personas también reciben **tradiciones** familiares de sus antepasados. Las familias transmiten las tradiciones especiales a sus hijos.

Las tradiciones, la tierra, los objetos valiosos y las formas de vida son todos parte de la **herencia** de una familia.

Una tradición familiar puede ser una receta de galletas, una canción o incluso un juego. Pregúntale a tu familia y amigos sobre sus tradiciones. Añade esas tradiciones a tu árbol genealógico.

Un bosque familiar

Hay un montón de formas de rastrear la historia de una familia. No siempre es fácil. Una gran parte de la historia familiar es difícil de encontrar. Una buena forma de aprender sobre tu historia familiar es haciendo preguntas.

Una vez que hayas reunido suficiente información, puedes construir tu propio árbol genealógico.

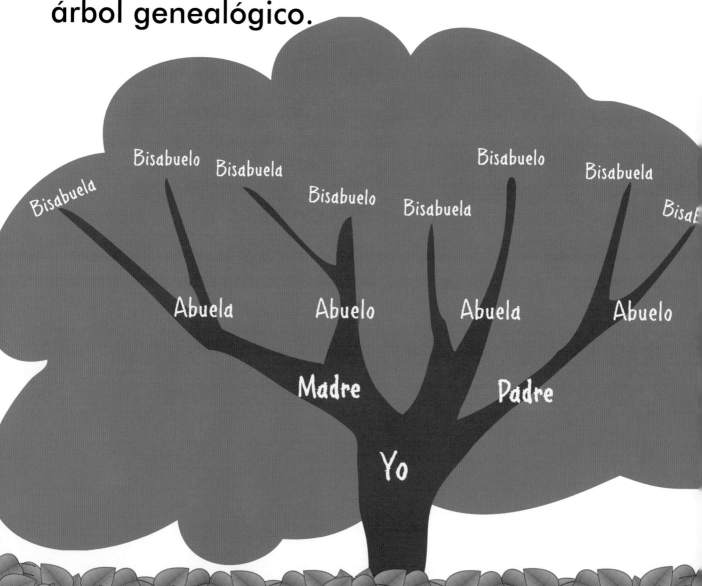

El mundo es un bosque de árboles genealógicos que conecta a todas las personas. Podemos aprender sobre historias familiares compartiendo nuestros árboles genealógicos con los demás.

Glosario Ilustrado

 **ancestros:** Ancestros son las personas de las que venimos. Ellos son los padres y los abuelos de nuestros abuelos.

 **familia:** Una familia es un grupo de personas relacionadas. Puede incluir a los padres, hermanas y hermanos.

 **heredan(amos):** Una persona hereda cuando recibe algo de sus padres o antepasados.

 **herencia:** La herencia es lo que viene de los antecedentes de alguien.

 **inmigrado:** Inmigrar es irse a vivir a un nuevo país.

 **tradiciones:** Una tradición es una creencia o costumbre que se transmite de padres a hijos.

Índice

Sitios Web

kids.familytreemagazine.com/kids/default.asp

www.familytreetemplates.net/category/kids

www.genwriters.com/children.html

Acerca del Autor:

Robin Koontz es autora e
ilustradora de una amplia variedad
de libros y artículos para niños y
adultos jóvenes. Ella vive con su
esposo en la Cordillera Costera del
oeste de Oregón.

5